French Noëls

for Organ

Louis-Claude Daquin
Jean-François Dandrieu
Claude-Bénigne Balbastre

DOVER PUBLICATIONS, INC.
Mineola, New York

Publisher's Note

With minor exceptions, this edition retains the spellings, capitalizations, accents and punctuation of the titles as they appeared in our source materials. Because of its central position and repeated appearance, "noël" is spelled in the usual way throughout, with its diaeresis in place over the 'e'; headings in the original scores are inconsistent. In its two appearances, the name "Châtres"—the early spelling of the cathedral town Chartres—is given with its customary circumflex. Capitalization is kept consistent in "A minuit fut fait un Reveil"—a Dandrieu favorite, given in three versions. No attempt was made to add editorial commas to such run-on headings as "Chantons[,] je vous prie."

All editorial additions in the music, including organ registrations, originally appeared as part of our source material. For the most part they are given in square brackets in the Dandrieu and Balbastre pieces and in parentheses in the Daquin. The repeated term "sic"—"reproduced as in the original manuscript"—is also part of the source material. Editorial notes have been omitted, interpretation of these period pieces being best left to the discretion of the intelligent performer.

Toward this end, the interested reader is directed to the entry "Noël" in *The New Grove Dictionary of Music and Musicians*, Vol. 13 (Macmillan Publishers Limited, 1980). This excellent article presents an historical overview of the evolving performance role of the noël from early Christian times, its function in 17th- and 18th-century organ literature and its continued development through to the late 19th and early 20th centuries.

Bibliographical Note

This Dover edition, first published in 1997, is a new compilation of four scores originally published separately in authoritative French editions, n.d. *Noëls for Organ* by Jean-François Dandrieu and by Louis-Claude Daquin were each originally issued in single volumes. Claude-Bénigne Balbastre's music was issued in two volumes, as *Première Suitte de Noëls* and *Deuxième Suitte de Noëls*.

The Dover edition adds a composite list of contents, new headings throughout and a Publisher's Note specifying all editorial changes.

International Standard Book Number: 0-486-29696-2

Manufactured in the United States of America
Dover Publications, Inc., 31 East 2nd Street, Mineola, N.Y. 11501

Contents

French Noëls
Organ Variations on Popular Christmas Tunes

JEAN-FRANÇOIS DANDRIEU
(1682–1738)

LOUIS-CLAUDE DAQUIN
(1694–1772)

CLAUDE-BÉNIGNE BALBASTRE
(1727–1799)

Première Suitte de Noëls

Deuxième Suitte de Noëls

25 Noëls for Organ by
JEAN-FRANÇOIS DANDRIEU
(1682–1738)

Tous les Bourgeois de Chatres

1

Michau qui causoit ce grand bruit

Jean-François Dandrieu

A minuit fut fait un Reveil [I]

Pos. : Principaux **8-4-2**, Plein-Jeu, Anches **8-4**.
G.O. : Principaux **16-8-4-2**, Plein-Jeu, Cymbale, Anches **8-4**.   Claviers accouplés.

Jean-François DANDRIEU

Chantons je vous prie [I]

Où s'en vont ces gais Bergers

R.   : Cornet.
Pos. : Bourdon 8, Prestant 4.
G.O. : Principaux 16-8-4-2, Plein-Jeu, Cymbale.

[Pos.: +Doublette **2**, Plein-Jeu.]

[P.]
Duo

Jean-François Dandrieu

En Duo [Pos.: Bourdon 8, Doublette 2, Larigot 1⅓]

Jean-François DANDRIEU   9

Jean-François DANDRIEU

Puer nobis nascitur

Savez vous mon cher voisin

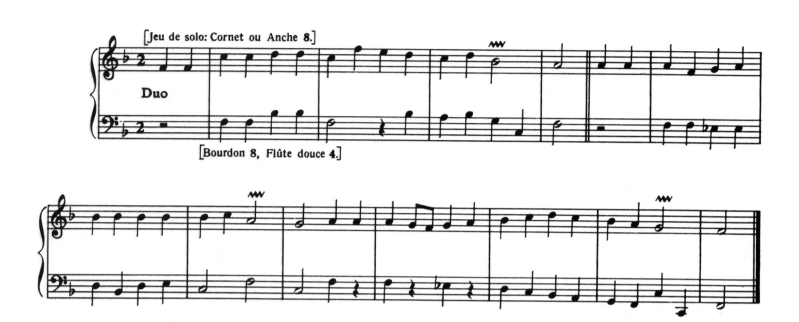

O Nuit heureuse Nuit

Mais on san es allé Nau

Duo [Cromorne]

En Grand Jeu [Principaux 16-8-4-2. Plein-Jeu, Cymbale, Trompette 8, Clairon 4.]

Il fait bon Aimer

Jean-François DANDRIEU

En Grand Jeu

I.: Principaux 16-8-4-2, Plein-Jeu
Cymbale, Trompette 8, Clairon 4.

Cornet [du Récit]

P. [Bourdon 8, Prestant 4]

G.

[m.d.: II. Doublette 2 solo.
[m.g.: I. Prestant 4 solo. *(registration de l'époque)*]

En Tambourin

FIN

[D.C.]

16   Jean-François DANDRIEU

Il n'est rien de plus Tendre

[Voix humaine sans tremblant ou Musette ou Hautbois 8.]

[FIN]

18   Jean-François Dandrieu

Allons voir ce divin Gage

Jacob que tu es habile

Jean-François DANDRIEU

Si c'est pour ôter la vie

Jean-François DANDRIEU

Le Roy des Cieux vient de Naître

A minuit fut fait un Reveil [II]

Jean-François DANDRIEU

A minuit fut fait un Reveil [III]

Quand je Méveillai et eus assez dormi

[Bourdon 8, Doublette 2.]

[Bourdon 8, Nasard 2 ⅔, Tierce 1 ⅗]

[Bourdon 8, Doublette 2.]

Jean-François DANDRIEU   27

Noël cette Journée

En Musette

[Voix humaine sans tremblant]

[Pedalle : Flûte 8.]

FIN

[Voix humaine sempre]

[Cromorne 8]

[Pédalle sempre]

Quand le Sauveur Jesus Christ
(ou bon Joseph écoutez moi)

Jean-François Dandrieu

Jean-François DANDRIEU 31

[Bourdon 8, Doublette 2, Larigot 1 $\frac{1}{3}$]

[sans Pedalle]

[Pedalle]

Chantons je vous prie [II]

Vous qui desirez sans fin

Jean-François DANDRIEU

[Bourdon 8, Doublette 2.]

[sans Pedalle]

En Duo [Bourdon 8, Doublette 2, Larigot 1⅓.]

1.

2.

Chanson de St. Jacques

Jean-François DANDRIEU

Pos.: Bourdon 8, Prestant 4, Plein-Jeu ou Cymbale.
G.O.: Trompette 8, Clairon 4.

En Grand Jeu point d'Orgue

[Flûtes 8, 4.]

Duo [Cromorne 8, à défaut Hautbois 8 ou Trompette 8.]

[Bourdon 8, Flûte douce 4, Doublette 2.]

[Hautbois 8, à défaut Petite Trompette 8.]

[Bourdon 8, Doublette 2.]

Duo en Canon

Jean-François DANDRIEU

Jean-François DANDRIEU   43

Ecco : Cornet, à défaut Bourdon 8, Flûte douce 4.
Pos. : Bourdon 8, Prestant 4, Plein-Jeu ou Cymbale.
G.O.: Principaux 16-8-4-2, Plein-Jeu, Cymbale, Trompette 8, Clairon 4.

O Filii et Filiæ

Trio [G.O.: Principaux **16-8-4-2**, Plein-Jeu.]

[Hautbois ou Trompette 8.]

[Bourdons 16-8, Flûte douce 4, Doublette 2.]

En Taille

[Bourdon 8 ou Bourdon 8, Flûte douce 4.]

[Cornet ou Cromorne 8.]

[FIN]

[FIN]

Pedalle [Flûte 8 ou Flûtes 8-4.]

En Duo

[Bourdon 8, Flûte douce 4 ou Bourdon 8, Prestant doux 4.]

[Bourdon 8, Flûte douce 4 ou Bourdon 8, Prestant doux 4.]

En basse de Trompette

[Trompette 8.]

En Musette

[Voix humaine sans tremblant ou Musette ou Hautbois 8.]

[FIN]

[Pédale : Flûte 8.]

50   Jean-François DANDRIEU

En Grand Jeu [Principaux 16-8-4-2, Plein-Jeu, Cymbale.]

[+ Trompette 8, Clairon 4.]

Carillon ou Cloches

Ecco : 8-4-2.
Pos. : Bourdon 8, Prestant 4, Doublette 2, Plein-Jeu ou Cymbale.
G.O. : Principaux 8-4-2, Plein-Jeu, Cymbale, Trompette 8, Clairon 4.

Grand Jeu

[G.O.]

12 Noëls for Organ by
LOUIS-CLAUDE DAQUIN
(1694–1772)

I. Noël

sur les Jeux d'Anches, sans tremblant

2ᵉ Double.

II. Noël

en Dialogue, Duo, Trio

Louis-Claude DAQUIN

DUO.

III. Noël

en Musette, en Dialogue et en Duo

Les 2 mains sur le cromhorne

Accomp.

Cornet de récit

Reprise 2 fois

Cornet.

Cromhorne

Louis-Claude DAQUIN

Les 2 mains sur le cromhorne

Cornet

(sic)

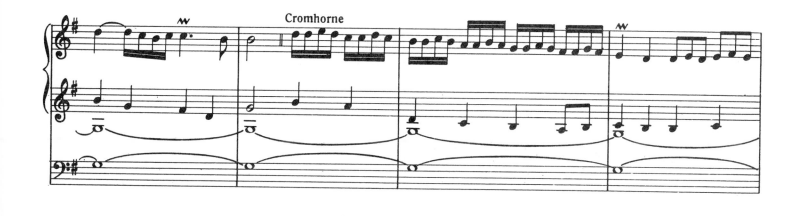

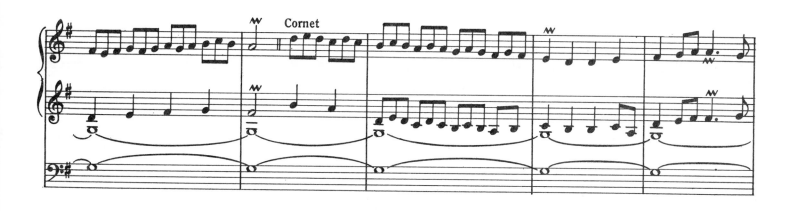

IV. Noël

en Duo sur les Jeux d'Anches, sans tremblant

Cromhorne

Cornet de récit

La main droitte sur le grand jeu.

Grand jeu.

La main gauche sur le Cromhorne.

Grand jeu.

Positif.   Grand jeu.

1er Double.

Cromhorne

Louis-Claude DAQUIN   73

2ᵉ Double.

V. Noël
en Duo

2e Double.

Reprise

Reprise 2 fois

Reprise 2 fois

VI. Noël

sur les Jeux d'Anches, sans tremblant et en Duo

Louis-Claude DAQUIN

Cornet de récit

Cromhorne.

Reprise 2 fois.

Grand jeu.

Louis-Claude DAQUIN

Louis-Claude DAQUIN

VII. Noël

en Trio et en Dialogue

Louis-Claude Daquin

VIII. Noël Étranger

sur les Jeux d'Anches, sans tremblant et en Duo

Louis-Claude Daquin

Grand jeu.

Positif.

Grand jeu.

IX. Noël

sur les Flutes

Très tendrement

MAIN DROITE SUR
LE GRAND CLAVIER

MAIN GAUCHE SUR
LE POSITIF

La main droitte sur le Grand Clavier

Positif.

Grand Clavier

FIN

94   Louis-Claude DAQUIN

Louis-Claude DAQUIN   95

La main droitte sur le Grand Clavier

Grand Clavier

On reprend à ce
signe 𝄋 jusqu'au
mot FIN.

Louis-Claude Daquin   97

X. Noël

Grand Jeu et Duo

Louis-Claude DAQUIN

Grand jeu.

Reprise 2 fois

Cornet de récit

2e Double

Cromhorne

3e Double

Grand jeu.

XI. Noël

en Récit en Taille

Louis-Claude DAQUIN

DUO
Cornet de récit

Tierce du Positif.

Reprise 2 fois

Reprise 2 fois

Accomp.

Tierce

Pédalle

106   Louis-Claude Daquin

XII. Noël Suisse

Grand Jeu et Duo

Louis-Claude DAQUIN

Louis-Claude Daquin

Main droitte
sur le Grand jeu.

Grand jeu.

Main droitte sur le Grand jeu.

Cromhorne

Première Suitte de Noëls

by Claude-Bénigne Balbastre

(1727–1799)

Prélude

* ♩ = Trill; mordent; appoggiatura

Ier Noël
A la Venue de Noël

Claude-Bénigne BALBASTRE

3ᵉ Var.

[Bourdon 8, Quarte de Nasard 2]

4ᵉ Var.

[Cromorne]

[Bourdon 8, Flûte douce 4,
Quarte de Nasard 2.

5ᵉ Var.

[Bourdon 8, Flûte douce 4, Larigot 1⅓]

6ᵉ Var.

[G.O.: Principaux 16-8-4-2, Plein-jeu, Cymbale]

petit Clavier
[Pos.: Principaux 8-4-2, Plein-jeu, Cymbale]

Grand Clav[ier].

IIe Noël
Joseph est bien Marié

[G.O.: Principaux 16-8-4-2, Plein-jeu, Cymbale]

Ire Variation.

[Pos.: Principaux 8-4-2, Plein-jeu, Cymbale]

2e Var.

[Cornet ou Anche 8 (Trompette)]

[Bourdon et Montre 8,
Prestant 4, Doublette 2,
Nasard 2 ⅔, Tierce 1 ⅗]

Claude-Bénigne BALBASTRE   117

Claude-Bénigne BALBASTRE

IIIe Noël

Où S'en vont Ces gais bergers

2ᵉ Var.

[G.O.: Principaux 16-8-4-2, Plein-jeu, Cymbale, Anches 8-4]

3ᵉ Var.

[Bourdon 8, Flûte douce 4, Larigot 1⅓]

7ᵉ Var.

[G.O.: Principaux 16-8-4-2, Plein-jeu, Cymbale, Anches 8-4]
Animé.

IVe Noël
Ah ma Voisine es tu fachée

124   Claude-Bénigne BALBASTRE

4ᵉ Var. [version originale]

4° Var. [adaptation pour orgue de G.L. et J.B.]

[Bourdon 8, Flûte douce 4, Quarte de Nasard 2]

[Bourdon 16, Flûtes 8-4]

5e Var.

[Bourdon 8, Flûte douce 4]

6e Var.

[Hautbois]

[Bourdon 8, Flûte douce 4]

Lent

Ve Noël

Tous les Bourgeois de Châtres

Fièrement et marqué.

[G.O : Principaux 16-8-4-2, Plein-jeu, Cymbale, Anches 8-4]

I° Var.

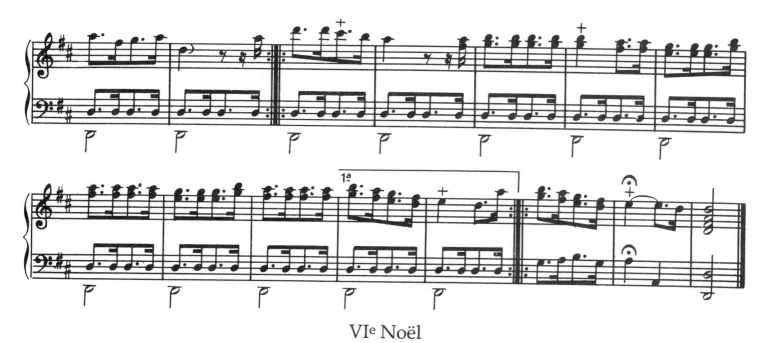

quand Jesus naquit à Noël

Claude-Bénigne BALBASTRE

Deuxième Suitte de Noëls
by CLAUDE-BÉNIGNE BALBASTRE

Ier Noël
Votre bonté grand dieu

(1) Grand jeu d'après Dom Bedos de Celles, au grand orgue : Cornet, Prestant 4, Trompettes 8 et Clairons 4; au positif : Cornet, Prestant 4, Trompette 8, Clairon 4, Cromorne 8, (on retranchera ce dernier jeu s'il n'y a au grand orgue qu'une Trompette et un Clairon) et l'on accouplera les claviers.

Ire Variation.

[II: Bourdon 8, Prestant 4   Doublette 2]

2^e Var.

[I]

3ᵉ Var.

[II: Bourdon 8, Flûte douce 4, Larigot 1⅓]

sic

Claude-Bénigne BALBASTRE

5e Var.

[I] Gai.

IIe Noël (Suisse)
il est un petit L'ange

Claude-Bénigne BALBASTRE

4e Var.

[Bourdon 8, Quarte de Nasard 2]

5ᵉ Var.

[Grand Jeu: Prestant 4, Cornet, Trompette 8 et Clairon 4]

IIIe Noël

Joseph revenant un jour

Gracieusement.
[Hautbois]

[Bourdon 8, Flûte douce 4]

Ire Variation.

[Bourdon 8, Flûte douce 4]

4e Var.

[Bourdon 8, Flûte douce 4]

[Cromorne 8]

Claude-Bénigne BALBASTRE   147

Ah jô deu de pubelle

(1) Grand jeu d'après Dom Bedos de Celles, au grand orgue : Cornet, Prestant 4, Trompettes et Clairons 4 ; au positif : Cornet, Prestant **4,** Trompette 8, Clairon 4, Cromorne 8, (on retranchera ce dernier jeu s'il n'y a au grand orgue qu'une Trompette et un Clairon) et l'on accouplera les claviers.

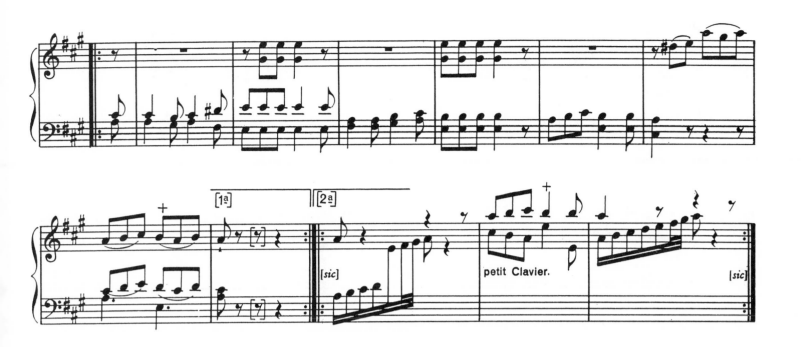

Ve Noël *(Bourguignon)*

Grand déi, ribon ribeine

[Iʳᵉ Var.]

[I: Bourdon 8, Prestant 4]

2ᵉ Var.

[I: Bourdon 8, Prestant 4, Doublette 2]

On reprend la fanfare.

Claude-Bénigne BALBASTRE   151

VIe Noël *(Bourguignon)*

A Cei-ci le moître De tô l'univar!

Gaiement

[Cromorne 8]

Ire **Variation.**

[Bourdon 8, Flûte douce 4]

2e **Var.**

[Cromorne 8]

[Bourdon 8, Flûte douce 4]

Ô Jour Glorieux.

[Cornet]

Mineur.

[Bourdon 8, Flûte douce 4]

Ire Variation.

[Bourdon 8, Flûte douce 4, Quarte de Nasard 2]

2ᵉ Var.
[Cornet]

[Bourdon 8, Quarte de Nasard 2]

[Principaux 16-8-4-2, Plein-jeu, Cymbale, Anches 8-4]

Majeur.

1ᵃ
[ɣ]

[sic]

END OF EDITION

154   Claude-Bénigne BALBASTRE